In 7/
29053

Université de France.

ACADÉMIE DE TOULOUSE.

FACULTÉ DES LETTRES.

THÈSE
DE LITTÉRATURE
Pour le Doctorat.

ÉTUDES
HISTORIQUES ET LITTÉRAIRES
Sur

AUSONE,

Par J. C. Demogeot.

> Fors erit ut nostros manes sic adserat olim
> Exemplo cupiet qui pius esse meo.
>
> AUSONE, *Profess.*

BORDEAUX,
CHEZ LANEFRANQUE, SUCCESSEUR DE RACLE,
14, PLACE SAINT-PROJET.

ÉTUDES

Sur le poète Ausone.

> Fors erit ut nostros manes sic adserat olim
> Exemplo cupiet qui pius esse meo.

Il y a plus de quatorze cents ans que ces vers furent écrits par un Gaulois, habitant de *Burdigala*, et professeur ; je suis Français, j'habite Bordeaux, je suis professeur dans le collége Qu'Ausone illustra autrefois : à tous ces titres j'ai cru devoir répondre à son appel et payer en passant mon tribut à sa mémoire.

Toutefois, la question que je me propose de traiter ne me semble pas circonscrite dans les limites de la biographie ou du commentaire. Que, parmi les débris de la littérature latine, il y ait eu un écrivain d'un mérite secondaire, auteur de plusieurs pièces gracieuses et d'une foule de vers médiocres, c'est un fait par lui-même assez indifférent, et dont les savants de profession ont seuls le droit de s'inquiéter. Mais si l'examen de cet auteur jetait quelque jour sur l'histoire de l'esprit humain; si nous trouvions dans ses poèmes une époque historique, et dans cette époque des inductions qui pussent conduire un jour aux lois de la pensée; si la médiocrité du poète nous apparaissait comme une conséquence de la société où il a vécu, de l'atmosphère morale qu'il a respirée, alors l'étude d'un écrivain obscur pourrait être aussi féconde que celle des plus grands auteurs, et l'examen d'une individualité, se rattachant aux lois générales de l'espèce, s'élèverait à l'importance des recherches scientifiques.

Nous diviserons nos observations en deux parties : dans la première, nous considérerons Ausone comme un témoin qui vient déposer sur ses contemporains; nous recueillerons dans ses œuvres les principales indications qui peuvent servir de matériaux pour reconstruire l'histoire de son époque. Dans la seconde partie, nous essaierons de pénétrer dans l'intimité de notre auteur; nous apprendrons à connaître ses mœurs, ses goûts, sa façon de penser : en même temps nous apprécierons le caractère et le mérite de ses écrits, nous verrons quelle influence l'homme et le citoyen exerçaient sur le poète.

En un mot, nous considérerons Ausone,

1°. Comme monument historique;

2°. Comme homme et comme écrivain.

PREMIÈRE PARTIE.

AUSONE. — MONUMENT HISTORIQUE.

CHAPITRE Ier.

*Coup d'œil sur l'empire romain au 4me. siècle.
Aperçu géographique.*

C'est un triste mais intéressant spectacle que celui d'une civilisation qui meurt; quand un peuple qui fut grand va bientôt n'être plus; quand il paraît, sur la scène de l'histoire, affaibli, mais brillant encore, et opposant à la conscience de sa décrépitude la majesté de ses souvenirs. Telle est la période où nous allons considérer la vieille civilisation romaine. A sa surface brillent encore quelques restes de sa beauté : sa puissante organisation politique, sa jurisprudence éternelle, sa noble langue, si belle encore, quoique usée par trois siècles de chefs-d'œuvre et par quatre cents ans d'adulation, enfin la dernière de ses vertus, celle qui avait usurpé pour elle seule le nom commun de toutes les autres, le courage militaire. Mais toutes ces gloires commencent à s'éteindre; Rome n'a plus qu'un siècle de vie : déjà les barbares s'amoncellent et grondent sourdement aux frontières de l'empire. Hâtons-nous de saisir, pour la contempler encore, ce moment solennel de calme, que va suivre la plus affreuse convulsion.

Nous n'avons pas l'intention de reconstruire ici le monde romain du 4me. siècle. Ce serait un travail immense et étranger à notre plan. Nous voulons seulement recueillir sur ce sujet les principales indications de notre poète. Nous ne sommes point un savant, nous n'écrivons pas l'histoire : assis tranquillement dans l'*atrium* de la *Villa Lucaniacus*, nous jetons un regard au dehors, et nous retraçons rapidement tout ce que nous permettent d'apercevoir les bornes de l'horizon et la faiblesse de notre vue.

Et d'abord, devant nos yeux, s'étend le territoire même de l'empire, la scène où va s'accomplir le drame de la chute de Rome. Il n'a subi encore aucune perte considérable, si ce n'est du côté de l'Orient, où le traité de Jovien avec Sapor II lui a enlevé une partie de la Mésopotamie. Antioche est le rempart de cette frontière :

<small>Infidis opponitur æmula Persis.</small>

Au sud, l'empire embrasse les côtes septentrionales de l'Afrique, et s'étend jusqu'aux contrées qui cachent les sources peu connues du Nil, qu'Ausone charge officieusement Valens de découvrir :

Inveniet fontes hic quoque, Nile, tuos.

Cette limite terminait non-seulement la puissance de l'empire, mais encore les connaissances géographiques des contemporains d'Ausone, puisque le poète donne à l'Ethiopie un jour perpétuel :

Nox
Qua caret Æthiopum plaga, pervigil, irrequies gens,
Semper ubi æterna vertigine clara nitet lux.

Aux environs du Danube et du Rhin flotte la limite incertaine du nord.

Danubius, penitis caput occultatus in oris,
Totus sub vestra jam ditione fluo.
— Uno pacatus anno et Danubii limes et Rheni.
— Tunc verus habebere limes.
— Nec Rhenum Gallis limitis esse loco.

A l'ouest l'Hispanie, et au nord-ouest la plus grande partie de la Bretagne, appartiennent à l'empire : les braves Caledoniens opposent encore aux généraux de Valentinien une résistance inutile. Mais notre poète semble la dédaigner : il parle à peine de cette île barbare, peuplée par les enfants de l'aquilon, qu'il ne trouve bons apparemment qu'à fournir des provinces aux magistrats de Rome, et de mauvaises épigrammes à ses poètes :

Aquilonigenas que Britannos
Præfecturarum titulo tenuere secundo.
— Brito bonus, etc. *.

* Epigr. 107.

Telles sont les limites que notre poète assigne à l'empire romain. Après avoir tracé les contours de cette grande figure, il va lui donner la vie et l'expression en nous présentant les villes principales qui en font la physionomie.

Au premier plan s'élève Rome. Elle domine encore le monde de sa tête majestueuse que couronnent dix siècles de victoires :

> Caput rerum Romam.

Elle se croit toujours la ville éternelle :

> Ignota æternæ ne sint tibi tempora Romæ.
> — Urbis ab æternæ deductam rege Quirino...
> — Hæc erit æternæ series ab origine Romæ.

Jamais Rome ne s'était si souvent proclamée immortelle qu'aujourd'hui, la veille de sa mort. On dirait qu'elle veut se rassurer contre le pressentiment de sa chute, et on ne peut s'empêcher de lui appliquer le vers du poète :

> Un pied dans le tombeau, rêve l'éternité !

Elle s'entoure de Milan, de Ravenne, d'Aquilée, comme d'une riche ceinture; elle y sème à pleines mains les palais, les cirques, les théâtres, les statues de marbre :

> Circus, et inclusi moles cuneata theatri,
> Templa, palatinæque arces; opulens que moneta,
> Cunctaque marmoreis ornata peristyla signis.

L'Italie a encore toute sa beauté, toutes ses richesses :

> Hic copia rerum,
> Innumeræ cultæque domus.

C'est maintenant que les soldats y trouveraient partout une Capoue : semblable aux sénateurs de cette ancienne république, Rome, pour mourir, s'enivre de plaisirs et se couronne de fleurs.

Cependant s'élève sur la rive du Bosphore, comme une grande menace, une rivale plus redoutable que ne le fut autrefois Carthage; c'est la ville qu'a bâtie l'impolitique Constantin, et qui vient déjà de déchirer l'empire en deux parts, en attendant qu'elle les perde l'une par l'autre :

> Constantinopoli assurgit Carthago priori...
> Subit ista, novisque
> Excellet meritis.

Sur le second plan on aperçoit dans le lointain Carthage, Athènes, Capoue, nobles débris du passé, exemples de la caducité des gloires, placées là comme pour avertir Rome du sort qui l'attend *.

CHAPITRE II.

Tableau des Gaules.

Plus près s'étend autour de nous la belle et fertile contrée des Gaules. C'est celle que notre hôte nous montre avec prédilection. La civilisa-

* Claræ urbes.

tion romaine y brille dans tout son éclat, Rome s'y est versée tout entière :

> Fusa per immensum quondam provincia regnum.

Voyez-vous, au milieu de cette riche culture, ces édifices rivaux des palais italiens,

> Æmula romuleis, habitans fastigia tectis,

ces élégantes villas, ces collines ombragées de vignes :

> In speciem cum me patriæ, cultumque nitentis
> Burdigalæ, blando pepulerunt omnia visu;
> Culmina villarum pendentibus edita ripis,
> Et virides Baccho colles.
> — Vitiferi colles, lætumque colonis
> Uber agri, tum prata virentia, tum nemus umbris
> Mobilibus.

A peine, vers le nord, la Gaule a-t-elle conservé quelques-unes de ses magnifiques forêts, déshéritées depuis long-temps de leurs souvenirs druidiques :

> Consertis per mutua vincula ramis,
> Quæritur exclusum viridi caligine cœlum.

L'Armorique elle-même, cet ancien sanctuaire du culte des druides, n'en a plus conservé qu'un souvenir obscur; quelques familles se prétendent issues de ces anciens pontifes :

> Tu Baiocassis stirpe druidarum satus,
> Si fama non fallit fidem.

Encore ces souvenirs du druidisme sont-ils mêlés depuis long-temps à ceux du polythéisme gaulois,

> Stirpe druidarum satus,
> Beleni sacratum ducis a templo genus,

qui s'est confondu lui-même avec la religion romaine ; Belen est devenu Apollon, comme les Gaulois sont devenus Romains :

> Et inde vobis nomina
> Tibi Pateræ : sic ministros nuncupant
> Apollinaris mystici.
> — Nomine Phœbicium,
> Qui Beleni ædituus,
> Stirpe satus druidum,
> Gentis aremoricæ.

La différence des races ne s'est pas moins effacée que celle des religions par la puissance de l'assimilation romaine. Les Tectosages, transplantés à Tolosa, au milieu de la race aquitanique, se souviennent à peine qu'ils sont de race belge :

> Tectosagos primævo nomine belcas.

Ils ont substitué la savante période cicéronienne à ce langage cymrique qui leur était commun avec les Belges du nord, et qu'ils avaient exporté jusque dans l'Asie mineure, au témoignage de Saint-Jérome :

> Palladiæ toga docta Tolosæ.

Les Bituriges Vivisques, cette race gallique implantée aussi dans l'Aquitaine, et long-temps distinguée des Aquitains par ses priviléges et par ses mœurs, n'aspirent plus aujourd'hui qu'à l'imitation des formes romaines : ils ont leur sénat, leurs consuls, leur noblesse :

> Qui proceres, veteremque volet celebrare senatum,
> Claraque ab exortu stemmata Burdigalæ.

—Curia Burdigalæ....
—Diligo Burdigalam : Romam colo ; civis in illa
Consul in ambabus.

La seule race ibérique nous paraît avoir conservé presque sans mélange les mœurs sauvages de ses aïeux, et avoir échappé par la barbarie à l'uniformité de la civilisation romaine. Placés au pied des Pyrénées, les Bigerri ont gardé jusqu'au costume pittoresque de leurs pères :

Nigrantes ne casas et tecta mapalia culmo
Digna que pellitis habitas deserta Bigerris.

A entendre Ausone, il semble que ces vallées des Basques, creusées sous les neigeuses montagnes, soient un autre monde, un pays inaccessible placé sous un ciel inconnu :

Vertisti, Pauline, tuos dulcissime mores :
Vasconis hoc saltus et ninguida Pirenæi
Hospitia, et nostri facit hoc oblivio cœli.

La réponse de Paulin est encore plus décisive :

Sint multa locorum
Multa hominum studiis inculta, expertia legum....
Sed fuerit fortuna jugis habitasse latronum,
Cur non more meo potius formata, ferinos
Poneret, in nostros migrans gens barbara ritus?

Une pauvre peuplade de boïens paraissent encore avoir conservé leur physionomie distincte. Isolés au milieu des sables, à la pointe sud-ouest des Gaules,

Extremis positus telluris in oris
Cultor arenarum,

vivant sous des cabanes de roseaux,

> Vilis arundineis cohibet quem pergula tectis,

ils font le commerce de résine, de suif, de cire,

> Albentis sevi globulos et pinguia ceræ
> Pondera, naryciamque picem,

en proie aux brigands qui les pillent, et aux magistrats qui s'entendent avec les brigands :

> Persequeris fures, qui te, postrema timentes,
> In partem prædamque vocent.

Tels sont les faibles vestiges de l'ancienne Gaule, qui apparaissent encore çà et là. L'alluvion romaine a presque entièrement caché le terrain primitif. Notre poëte est d'ailleurs peu soigneux de nous montrer ces antiques débris : le consul Ausone daignerait-il traîner parmi ces sauvages peuplades sa trabée brodée de palmes d'or et de l'image de Constantius ?

> Palmatam tibi misi : in qua divus Constantius intextus est.
> — Hic trabeam, Pauline, tuam, latiamque curulem
> Constituis? patriosque istic sepelibis honores?
> — Romanum Ausonias huc devexisse curules
> Conquerar, et trabeam veteri sordescere fano?

La Gaule d'Ausone nous apparaît donc presque toute latine. Ses villes surtout sont des centres de civilisation romaine.

Ici, c'est *Arles,* la Rome gauloise, l'entrepôt commercial du monde romain, qui, assise sur les deux rives du Rhône, les réunit par un pont de bateaux :

> Gallula Roma Arelas,
> Præcipitis Rhodani sic intercisa fluentis
> Ut mediam facias navali ponte plateam,
> Per quem romani commercia suscipis orbis.

Là, c'est *Narbo Martius*, cette colonie romaine formée des vétérans de la 10me. légion, et sentinelle avancée de Rome,

> Specula populi romani *,

ce levain de civilisation qui fit fermenter tout le midi des Gaules :

> Insinuant qua se sequanis Allobroges oris,
> Usque in Tectosagos primævo nomine Belcas,
> Totum Narbo fuit.

Elle ne se souvient plus des Ligures, ses fondateurs, ni du royaume des Bébrykes dont elle fut la capitale.

Plus près de nous, *Tolosa* fait briller, nouvelle Babylone, ses murs de briques aux riantes couleurs qu'elle reflète dans les eaux encore pures de la Garonne :

> Coctilibus muris quam circuit ambitus ingens,
> Perque latus pulchro prælabitur amne Garumna.

Du sommet de ses tours, l'œil étonné embrasse un vaste amphithéâtre de montagnes couronnées de neiges éternelles,

> Confinia propter
> Ninguida Pyrenes, et pinea Cebennarum ;

et, au milieu de ce vaste bassin, elle repose comme une mère féconde, appuyée sur les quatre villes qu'elle a épanchées de son sein :

> Quæ modo quadruplices ex se quum effuderit urbes...
> — Quintuplicem socias tibi, Martie Narbo, Tolosam.

* Cic. pro Font.

Au nord est la ville des Santones, dont l'activité tumultueuse indique une nombreuse population, et rappelle, sous le style d'Ausone, la peinture que faisait Horace des embarras de Rome :

> Tene, feri, duc, da, cave.
> Sus lutulenta fugit, rabidus canis impete sævo,
> Et impares plaustro boves.

Plus bas, sous le même méridien, on découvre *Blabia* (Blaye), considérée déjà comme une importante position militaire. *Militarem Blabiam.*

Enfin, au bord de la Garonne, bercée par le balancement alternatif de son beau fleuve, s'étend négligemment sous ses vertes collines la patrie de notre poète, la riante *Burdigala :*

> Juga frondea subsunt ;
> Fervent æquoreos imitata fluenta meatus.....

Perpétuelle transition, elle unit la plaine fertile au désert de sable, le climat du Nord à celui du Midi, l'Aquitaine à la Gaule ; ville de guerre et de commerce, de plaisir et d'étude, déjà belle quoique petite ; alignée, propre, coquette, *Burdigala* est déjà enceinte de Bordeaux *.

CHAPITRE III.

Notions sur les barbares.

Pendant que le midi des Gaules se repose dans les douces jouissances d'une civilisation paisible,

* Claræ urbes.

la frontière du nord est comme une digue impuissante battue sans cesse par les flots des barbares. C'est là que le génie de Valentinien a porté toutes les forces romaines :

> Treviricæque urbis solium,
> Imperii vires quod alit, quod vestit et armat.
> Uno pacatus anno et danubii limes et Rheni.

Mais quels sont ces peuples qui menacent l'empire d'une ruine prochaine ? Ils sont peu connus d'Ausone : sans rien nous apprendre sur la diversité de leur origine, il nomme confusément et la race scythique, les Huns et les Alains; et la race germanique, les Francs, les Suèves, les Goths, les Allemands; et la race intermédiaire des Sarmates [*].

Seulement il nous donne, sur la position géographique de ces nations, des indications sur lesquelles il ne faudrait pas toujours trop compter. Ainsi, par une confusion poétique dont s'accommoderait peu l'exactitude de l'histoire, il place les Suèves sur les bords du Danube, qu'ils ne traversèrent réellement que l'an 405 avec les Vandales et les Burgundes :

> Gelidum fontem mediis effundo Suevis.

Le poète donnait par extension le nom de Suèves aux nations Allemaniques et Franques, campées entre le Rhin et le Danube, c'est ce que prouvent ces vers :

[*] Passim.

> (Danubius) Nuncius Euxino jam nunc volo currere ponto
> Cæde fuga flammis stratos periisse Suevos,
> Nec Rhenum Gallis limitis esse loco.

Quant à la nation des Goths, le contemporain de Valens devait en connaître exactement la position :

> Quod si lege maris refluus mihi curreret amnis,
> Huc possem victos inde referre Gothos (Danubius).

Aux Francs et aux Camaves, nations germaniques, Ausone assigne sur les bords du Rhin leur place véritable :

> Accedent vires quas Francia quasque Camaves
> Germanique tremant ; tunc verus habebere limes (Rhene).

Il nous montre les Huns errant sans demeure assurée, devenus les alliés des Sarmates contre le successeur de Valentinien :

> Qua vaga sauromates sibi junxerat agmina Chuni ;

Et les Alains, séduits par l'espoir du pillage, prêtant un secours formidable aux Goths qu'ils avaient chassés de leur patrie, et assaillant avec eux les rives de l'Hister :

> Quaque Getes sociis Histrum adsultabat Alanis.

Telles sont les principales notions qu'Ausone peut nous offrir sur la géographie du monde romain au 4me. siècle : et là apparaissent déjà des causes de décadence. Nous avons vu un empire immense, fatigué de sa propre grandeur, se fendant de vétusté comme un chêne centenaire ; et près de lui une seconde cause matérielle de dissolution prochaine, les barbares.

Pénétrons maintenant, sous la conduite du poète, dans la constitution intime de ce vaste corps.

CHAPITRE IV.

Administration de l'empire.

Aux yeux de notre poète, et probablement aussi aux yeux de ses contemporains, l'empire est encore un, quoique partagé ; Ausone semble considérer la division dont il est témoin comme quelque chose d'analogue au partage des provinces entre les anciens magistrats de Rome. Valens lui semble en quelque sorte le lieutenant de son frère :

Superum cura secunda Valens.

Rome est encore la tête du monde : Constantinople ne vient qu'au second rang; encore l'emporte-t-elle peu sur Carthage :

Roma caput rerum.....
— Constantinopoli assurgit Carthago priori,
Non toto cessura gradu.

L'empire d'Occident, qui seul semble attirer l'attention d'Ausone, est divisé à cette époque en trois préfectures. La préfecture d'Italie tient le premier rang, le second appartient à la préfecture des Gaules, qui embrasse trois diocèses, la Gaule, la Bretagne et l'Hispanie ; enfin, la préfecture d'Illyrie occupe le troisième rang :

> Aut Italum populos, aquilonigenasque Britannos
> Præfecturarum titulo tenuere secundo.
> — Præfectus Gallis, et Libyæ et Latio.
> — Præfectus magni nuncupor Illyrici.
>
> — Quid de duobus consulibus designatis quæritis qui ordo sit nuncupationis? Anne alium quam quem præfectura constituit?

Chaque diocèse est subdivisé en provinces, gouvernées par un magistrat nommé *Rector*, *præses*, et dans quelques provinces *Proconsul :*

> Præside lætatus quo rutupinus ager.

Ailleurs, Ausone leur donne le titre générique de *Judices*. Sans doute son goût poétique l'avertissait d'éviter la dénomination officielle; c'est ainsi que, dans le même passage, il donne au Préfet le titre de *Præsul :*

> Seu tu cohortis præsulem prætoriæ,
> Provinciarum aut judices.....

Dans chaque cité nous trouvons la *curie* ou sénat composé des citoyens les plus notables :

> Curia me duplex et uterque senatus habebat
> (Vasatum et Burdigalæ).

La curie choisissait dans son sein les magistrats municipaux désignés sous le nom de *consuls* ou de *duumvirs :*

> Consul in utraque.

Quelque honorable que fût le titre de sénateur, les charges attachées à la curie étaient énormes. Déjà on cherche à s'y soustraire ; un siècle plus tard Justinien sera forcé, pour compléter le nombre des *curiales*, d'accueillir ceux qui s'offriront, *per oblationem curiæ*, et d'attacher à cette charge de singuliers priviléges ; par exemple, d'en faire un moyen de légitimation *.

Aujourd'hui, sans fuir encore le titre de curial, on cherche à concilier l'intérêt avec l'amour propre, à obtenir l'honneur en évitant les charges :

Muneris exsortem, nomine participem.

La plus lourde de ces charges était la levée et la responsabilité des impôts.

Nous touchons à une des plaies les plus douloureuses des provinces, l'énormité des impôts ; nous pouvons l'entrevoir à travers les compliments ingénieux de l'écrivain courtisan. Les provinces étaient épuisées, les impôts ne rentraient plus à temps :

De condonatis residuis tributorum.

Déjà plusieurs fois les empereurs avaient été obligés d'accorder des remises totales ou partielles :

Fecerat et Trajanus olim sed partibus retentis...
Et Antoninus indulserat.

Quelle joie n'éclate pas parmi ces malheureuses populations à la vue des flammes qui dévorent les registres publics ! ils doutent encore, ils n'en peuvent croire leurs yeux :

* Instit., tit. 10, § 13.

Videre in suis quæque foris omnes civitates conflagrationem salubris incendii. Jam se cum pulvere favilla miscuerat, et adhuc obnoxii in paginis sestertiorum notas cernebant. Quod meminerant lectum, legi posse et verentes.

Mais si nous sommes témoins de la joie qu'excite cette faveur passagère, le précepteur de Gratien se gardera bien de nous faire entendre les cris de détresse des pauvres provinciaux ruinés, obligés de fuir, et que Salvien nous montrera bientôt cherchant chez les barbares un refuge contre l'administration impériale, ou bien errants et vagabonds sous le nom de Bagaudes, et abjurant de grand cœur le titre funeste de Romains *.

CHAPITRE V.

État des personnes.

Après les *curiales*, Ausone nous donnera peu de détails sur l'état des personnes. Nous pouvons toutefois nous faire une idée des *possessores* d'après le pauvre poète Théon, que le poète consulaire traite avec une familiarité qui pourrait mériter un autre nom :

> Ausonius, cujus ferulam nunc sceptra verentur,
> Paganum e Medulis jubeo salvere theonem, etc...

Il nous le montre obligé pour vivre d'avoir recours à mille expédients, la culture d'un aride

---

* Salv. de provid., lib. 5, cap. 4.

terrain, le petit trafic, la chasse, et surtout l'emprunt, quitte à ne pouvoir rembourser son puissant patron qu'en souffrant ses épigrammes sans se fâcher trop fort :

> Cultor harenarum vates....
> Mercatus ne agitas....
> Scirpea Dumnotonis tanti est habitatio vati ?
> An quia per tabulam... debita summa mihi est ?

Nous pouvons voir un colon censitaire dans la personne de ce pauvre Philon,

> Philon meis qui villicatus prædiis,

malheureux, ruiné, portant sur son visage le tableau de ses infortunes ;

> Videbis istum, qualis adstet cominus,
>   Imago fortunæ suæ,
> Canus, comosus, hispidus, trux artubus,
>   Terentianus Phormio ;
> Horrens capillis ut marinus asperis
>   Echinus, aut versus mei ;

forcé enfin d'abandonner la culture de la terre et de se jeter dans un trafic dont l'exercice est encore gêné par tant de vexations !

> Qui apud Ebromanum conditis mercibus quas per agros diversos coemit, concesso ab hominibus tuis usus hospitio, immature periclitatur expelli.

Si les classes intermédiaires étaient ainsi pressées par la misère, combien étaient broyés les esclaves, cette base fortunée, sur laquelle pesait la société romaine, lourde de tant d'orgueil cruel et de luxe insensé ! Ausone nous montre un esclave lettré, un copiste, marqué au front d'un fer rouge pour avoir cherché à se soustraire à la cruauté de son maître. Mais ce châtiment paraît à notre auteur la chose du monde la plus naturelle : il n'y voit que l'occasion d'une agréable plaisanterie qu'il plie, déplie et retourne avec une grâce infinie dans les dix vers de son épigramme : car c'est une épigramme que ce traitement barbare inspire au poète Ausone.

CHAPITRE VI.

L'empereur.

A l'autre extrémité de la hiérarchie, au sommet de la société romaine, réside le pouvoir absolu, auquel on prodigue sans rougir les plus lâches adulations. Ce sont les princes éternels, *æternorum principum!* Risible éternité, que va anéantir un caprice des soldats, ou la révolte d'un aventurier de Bretagne : *Rutupinum latronem!* Aussi, comme les courtisans se pressent! Ils sentent qu'ils n'ont pas un moment à perdre pour flatter leurs *princes éternels*. Sous combien de formes l'adulation se roule aux pieds de Gratien *! L'orateur met une subtilité, une adresse incroyable, à traîner par terre tous les

---

* De consulatu.

replis de son ame : il accuse la langue latine de ne pas ramper assez bas.

> O inertiam significationis ignavæ!

En voyant Gratien présent partout par sa puissance, il commence à concevoir l'hyperbole des poètes qui ont dit que tout est plein de la divinité :

> Nec jam miramur licentiam poetarum qui omnia Deo plena dixerunt.

Après avoir élevé l'empereur jusqu'au ciel, il peut bien sans scrupule le placer au-dessus des plus grands hommes. Qu'est-ce que le génie d'Homère, l'éloquence de Ménélas, d'Ulysse, de Nestor, auprès d'une parole de Gratien? Ici le mauvais goût de l'expression correspond dignement à la bassesse de la pensée :

> O mentis aureæ dictum bracteatum! ô de pectore candidissimo lactei sermonis alimonia!... Certent huic sententiæ veteres illi et homerici oratores.

Ausone, bien décidé à louer l'empereur à tout prix, ne tarit pas sur le bonheur qu'il a eu de ne point être nommé consul par le choix des centuries romaines. Fi donc! Quelle pitié de tenir son mandat de l'estime des citoyens!

> Consul ego, imperator Auguste, munere tuo, non passus septa, neque campum, non suffragia..... Romanus populus, martius campus, equester ordo, rostra, ovilia, senatus, curia, unus mihi omnia Gratianus!

Ne voyait-il donc pas, le malheureux, ce qu'était devenu le consulat depuis qu'à l'imposante voix d'un peuple s'était substituée l'obscure volonté d'un homme! Qu'un sujet des empereurs supporte avec résignation cette nouvelle forme de gouvernement; que, comme Tacite, il courbe, en gémissant, la tête sous le despotisme, cette nécessité des républiques corrompues, je le conçois, je loue même sa sagesse ; mais qu'il ose se vanter, s'applaudir de l'avilissement de sa patrie, fût-il courtisan, orateur officiel, cela fait mal à l'ame : on croit entendre un homme usé se vanter d'avoir perdu ses vertueuses croyances, qu'il appelle en souriant les illusions de sa jeunesse.

On est heureux de trouver, au milieu de ces fades remercîments, quelque chose qui échappe au mépris par le ridicule. Voici un endroit où la flatterie est plaisante et digne de la bonne comédie. Ausone cite ces mots que lui écrivit l'empereur :

Te consulem designavi, et declaravi, et priorem nuncupavi.

Puis il ajoute :

Quis hæc verba te docuit? Ego tam propria et tam latina nescivi. Designavi! et declaravi! et nuncupavi!

Je plains M. Delavigne de n'avoir pas le mérite de l'invention lorsqu'il fait dire à un de ses personnages dans *les comédiens :*

> Sur son lit de douleur, un reste de tendresse,
> Ranimant ses esprits glacés par la vieillesse,
> Lui fit signer un acte, à ses derniers moments,
> Qui me semble un chef-d'œuvre en fait de testaments.

— Un chef-d'œuvre ! et pourquoi ?
— Par la raison très-claire
Qu'il me fait de son bien l'unique légataire.

Plus loin, jaloux d'assurer à son royal élève toute espèce de gloire, il le compare non plus, comme tout à l'heure, à Ménélas, à Ulysse ; il le compare... sans doute à Scipion, à Annibal ? — Oh ! non. — A Trajan, à Marc Aurèle ? — Pas davantage. — A qui donc ? — Aux chevaux les plus ingambes de la Mythologie, à Pegase, à Cyllarus, à Arion, qu'il laisse bien loin derrière lui par la rapidité avec laquelle il traverse son empire :

Pegasus volucer, etc. *.

Voilà où en étaient venus ces Romains, ces maîtres du monde ! car mes reproches s'adressent moins personnellement à Ausone qu'à la société romaine de son temps. Ausone avait, pour excuser son adulation, un attachement véritable pour la personne de Gratien, son élève, son bienfaiteur, son ami, et de plus une malheureuse habitude de rhéteur, de tout amplifier, de tout exagérer, de grossir à la loupe les plus petits détails. C'était chez lui moins bassesse de courtisan que vanité de bel esprit : il se serait reproché d'avoir omis une flatterie en parlant au prince, comme d'avoir oublié un rapport ternaire dans son jeu sur le nombre trois.

* De consulatu.

Mais il fallait qu'il comptât bien sur le sang-froid de son auditoire pour oser débiter sérieusement de pareilles louanges ; il fallait qu'il fût bien persuadé du mot qu'il avait prononcé : *Unus omnia Gratianus*, l'état, c'est Gratien.

Dans cette malheureuse époque, la flatterie était à l'ordre du jour : personne ne la remarquait, personne ne songeait à se soustraire à ce tribut. Ce qu'on pouvait faire de mieux était de le payer avec esprit. Le préfet de Rome, Symmaque, enchérit encore sur Ausone par la servilité de ses expressions. Veut-il affirmer une chose, il ne jure pas par la victoire, selon la noble formule de l'ancienne Rome :

Ita me referat tibi magnus ovantem Jupiter !

Il jure par le bonheur de plaire à ses maîtres :

Ita me di dominus probabilem præstent !

O inertiam significationis ignavæ !

CHAPITRE VII.

État moral de l'empire.

L'esprit public est anéanti, nous l'avons vu. La patrie n'est plus qu'un mot. Rome n'est plus dans Rome, elle est toute dans l'empereur. Le courage militaire, la dernière vertu des Romains, commence à s'évanouir : les armées se remplissent de barbares :

> Francia mista Suevis
> Certat ad obsequium latiis ut militet armis.

Les Germains auxiliaires sont dans la plus intime familiarité de Gratien :

Germanorum cohorti amicorum et legionibus familiaris humanitas.

La bravoure, la science militaire passent pour des qualités d'un autre âge, dont un consul peut aujourd'hui manquer sans conséquence, et avouer l'absence sans rougir :

Veteribus illis consulibus, excepta quæ tunc erat bellicarum collatione virtutum, si quis me conferre dignetur....

Ainsi a péri l'ancienne religion de Rome, le culte de la gloire et de la patrie. La nouvelle religion n'y a pas encore substitué ses vertus. Il est vrai qu'elle est assise sur le trône, et qu'elle domine officiellement dans tout l'empire : mais ce triomphe du christianisme est tout politique, il n'influe point sur les mœurs [*]. Les deux extrémités du corps social, le sénat et les habitants des campagnes, sont païens; les poètes sont païens dans leurs fictions, païens dans leurs doctrines. Les empereurs, quoique chrétiens, reçoivent même encore le titre de grands pontifes :

Comitia quæ tu pontifex Maximus habuisti [**],

---

[*] *Voy*. Salvien, de provid.
[**] *Voy*. Mémoire acad. inscript., tom. 15.

Gratien met son père au rang des dieux :

<blockquote>In consecrando patre, consilium ad deum retulisti.</blockquote>

Les païens sont traités avec la plus grande tolérance :

<blockquote>Indulgentissimo : docet securitas erroris humani.</blockquote>

C'est, dit M. Ampère, qu'à l'exemple des anciens païens, les empereurs chrétiens voulaient que la religion chrétienne fût la religion de l'état. L'importance politique des idées religieuses était tout pour eux, leur valeur dogmatique était nulle.

L'instruction publique, cet autre sacerdoce, était dans un état très-florissant en apparence, en réalité très-languissant. De nombreuses écoles municipales étaient ouvertes à la jeunesse. Celles de Bordeaux, de Toulouse, de Trèves, de Narbonne, d'Arles, de Lyon, de Marseille, étaient à cette époque les plus célèbres*. Mais la nature de l'enseignement qu'on y recevait, l'intérêt exclusif qu'on y donnait aux formes du langage**, contribuaient à accélérer l'appauvrissement de la pensée, et, par suite, la décadence du goût. Nous aurons lieu d'en parler dans la seconde partie de ces études.

A côté de ce débile enseignement des grammairiens et des rhéteurs, s'élevaient d'autres chaires pleines de puissance et d'avenir. Une société nouvelle grandissait au sein de la société civile et

---

* Passim.
** Professores.

presque à son insu. Mais cette indifférence que le monde littéraire élevait comme une barrière entre la société chrétienne et lui, ce dédain à demi voilé sous des formes respectueuses, nous prive des renseignements qu'Ausone eût pu nous donner sur elle. Nous ne trouvons chez lui qu'un seul fait remarquable sur ce sujet, son silence : trois vers égarés dans un de ses poèmes, si toutefois ce poème est de lui, semblent nous l'expliquer. Aux approches de Pâques, il abandonne aux prêtres et aux zélés chrétiens la célébration des solennités pieuses; il les laisse dévotement jeûner. Pour lui, il renferme dans son cœur un culte qu'il n'a garde d'en laisser sortir, et offre généreusement à Dieu une grande quantité de purs hommages :

> Dum devota pii celebrant jejunia mystæ,
> At nos, æternum cohibentes pectore cultum,
> Intemeratorum vim continuamus honorum.

CHAPITRE VIII.

Événements politiques.

Parmi les ouvrages qui nous restent d'Ausone, il n'en est aucun qui traite spécialement des événements historiques de son temps; nous ne pouvons donc obtenir de lui, sur ce sujet, que quelques allusions.

Ses poèmes sur les empereurs ne sont, les uns qu'une nomenclature, les autres que des espèces d'épigraphes, des sommaires très-concis des Césars de Suétone :

> Quorum per plenam seriem Suetonius olim
> Nomina, res gestas, vitamque obitumque peregit.

Il avait écrit les fastes de Rome depuis Romulus jusqu'à son consulat, ce qui embrassait un espace de onze cent dix-huit ans. Cet ouvrage ne nous est pas parvenu.

Ausone nous donne quelques indications sur la fermeté de Valentinien et sur l'austère discipline qu'il avait établie dans l'empire. Mais on conçoit facilement ce que veut dire dans la bouche d'un courtisan la *sage sévérité* du père qui permet au fils d'exercer la plus grande clémence sans craindre de compromettre l'autorité du commandement :

> Tu Valentiniano genitus cujus.... temperata severitas fuit, parto et optime condito reipublicæ statu, intelligis posse te esse lenissimum sine dispendio disciplinæ.

Au milieu des éloges qu'Ausone prodigue à l'humanité de Gratien, on entrevoit la frivolité d'esprit de ce prince dans l'importance qu'il attache à sa gloire d'habile chasseur et d'écuyer adroit, sur laquelle l'orateur, non moins adroit, le complimente avec tant de détails[*].

La patrie des trois princes nous est indiquée dans ce vers :

[*] In consul.

> Belligeris alui quos ego Pannoniis.

C'est en effet, selon Eutrope, à Cibale, ville de Pannonie, c'est presque chez les barbares, que l'orgueilleuse Rome allait chercher ses maîtres.

Les guerres continuelles contre les barbares sont souvent indiquées par Ausone, qui, célébrant sans cesse les victoires, dissimule prudemment les défaites.

Il nous parle trois fois de la victoire de Valentinien sur les Allemands auprès du Necker, de Lupodanum, et des sources du Danube qu'il suppose inconnues jusqu'alors aux Romains :

> Spectavit junctos nati que patris que triumphos
> Hostibus exactis Nicrum super et Lupodunum
> Et fontem latiis ignotum annalibus Histri.

Dans une de ses épigrammes,

> Cæde, fuga, flammis stratos periisse Suevos,

et plus loin :

> Danubius.... totus jam vestra sub ditione fluo,

Gratien mérite les titres de Germanique pour avoir contraint les tribus germaines à poser les armes, d'Allemanique pour avoir fait passer le Rhin aux Allemands captifs, sans doute après sa fameuse victoire d'Argentinum *; enfin de Sarmatique pour avoir vaincu et pardonné, c'est-à-dire pour avoir terminé l'expédition que dirigeait Valentinien, lorsque ce prince d'une

---

* Ammien Marcel., lib. ult.

douceur inaltérable (*præsens comitas*) mourut d'un accès de colère :

> Voca Germanicum deditione gentilium ; Allemanicum,
> Traductione captorum, vincendo et ignoscendo Sarmaticum.

Gratien écrase les barbares en se jouant et sans presque interrompre ses studieux loisirs :

> Indulget clariis tantum inter castra Camenis.

Il n'y a pas jusqu'à Valens qu'Ausone ne célèbre comme vainqueur des Goths. Le Danube regrette de ne pouvoir refluer vers sa source pour apprendre à Valentinien les triomphes de son frère :

> Quod si lege maris refluus mihi curreret amnis,
> Huc possem victos inde referre Gothos.

Le Danube eut bientôt d'autres nouvelles à porter après la bataille d'Adrianople; sans doute il fit comme le poète, il n'en parla pas.

La promotion de Théodose au trône de Valens n'a d'autre retentissement dans les œuvres d'Ausone qu'une épître dédicatoire, où le poète n'est pas plus avare d'encens envers ce prince qu'envers Gratien. Aussi comment refuser quelques petites flatteries *à un dieu qui donne à son gré le génie*, surtout lorsqu'il daigne penser que vous n'avez pas trop besoin de ses dons !

> Certus jussa capesse dei. — Non tutum renuisse deo.
> Non habeo ingenium ; Cæsar sed jussit, habebo.

Le dernier événement auquel Ausone fait allusion, c'est la mort de Maxime à Aquilée :

> Punisti Ausonio rutupinum marte latronem.

On voit que, sous le rapport des faits historiques, Ausone ne nous offre aucune lumière importante, tous les événements dont il parle nous sont connus beaucoup mieux par le témoignage d'Ammien Marcellin.

Il en est un pourtant, d'une importance fort secondaire il est vrai, qu'Ausone seul nous rapporte, mais seulement par forme d'allusion, ce qui en fait une véritable énigme historique. Je veux parler de l'exil des frères de Constantin à Tolosa :

> Dum Constantini fratres opulenta Tolosa
> Exilii specie sepositos cohibet.

Mais à quelle époque, par qui, et pour quelle raison y furent-ils relégués, c'est ce qu'Ausone nous laisse ignorer.

Toutefois, cet exil ne paraît pas devoir être placé avant le règne de Constantin; car Constance Chlore n'épousa Theodora qu'après son élévation à la dignité de César, c'est-à-dire l'an 292; il mourut l'an 306. Les enfants qu'il avait eus de sa seconde femme étaient donc encore très-jeunes à l'époque de sa mort. Or, Ausone nous apprend que Dalmatius, l'un de ces enfants, avait lui-même à Tolosa deux fils déjà dans l'adolescence :

> Illic Dalmatio genitos, fatalia regum
> Nomina, tum pueros, grandi mercede docendi
> Formasti, Rhetor, metam prope puberis ævi.

Leur exil est donc postérieur à la mort de Constance Chlore. D'un autre côté, il ne paraît pas pouvoir être placé plus tard que le règne de Constantin; car les deux jeunes fils de Dalmatius durent l'un et l'autre à Constantin le titre de Césars, et ils n'en jouissaient pas encore à l'époque de leur séjour à Tolosa :

<blockquote>Cæsareum qui mox indepti nomen.....</blockquote>

Leur exil doit donc être placé sous le règne de Constantin, et attribué à la politique de ce prince; car, d'après les termes d'Ausone, il est probable que cet exil n'était pas un châtiment, *exilii specie,* et qu'il était motivé par une pensée de prévoyance : *sepositos.* D'ailleurs, la fortune dont ils y jouissaient, *grandi mercede,* l'empressement des courtisans autour d'eux, *cultæ principum amicitiæ,* enfin le titre de Césars que Constantin décerna bientôt à ses neveux Dalmatius et Anaballianus, fils de Dalmatius, tout nous porte à croire que l'empereur n'avait contre le père aucun sujet de haine. Peut-être voulait-il à la fois éloigner du cœur de l'empire des frères qui, nés d'une mère plus noble (Theodora), eussent pu devenir des concurrents dangereux, et tenir en réserve *(sepositos)* des soutiens pour sa dynastie nouvelle au cas où lui-même manquerait d'héritier.

CHAPITRE IX.

Résumé de la première partie.

Nous avons achevé de recueillir les documents qu'Ausone pouvait nous transmettre sur l'état de la société romaine au 4me. siècle. Résumons-en les principaux traits.

L'immensité de l'empire avait anéanti le patriotisme. Quand la patrie est partout, on ne sait plus où la trouver. Chacun la place dans l'enceinte étroite des murs où il est né.

L'administration municipale préparait aussi le morcellement de l'empire ; elle faisait des cités autant d'individus étrangers l'un à l'autre, et de l'état un immense polype qui pouvait se diviser et vivre.

Le despotisme, en faisant de l'état la propriété d'un seul homme, rendait les citoyens indifférents à la conservation de l'état.

L'esclavage enfermait dans le sein de la société une multitude d'hommes intéressés à sa ruine.

La lourdeur des impôts, les vexations des magistrats, disposaient les hommes libres à recevoir sans regret une domination nouvelle.

La permanence des armées, l'admission des barbares sous les drapeaux de Rome, l'élection militaire des empereurs, ont détruit dans les camps l'amour de la patrie et la discipline romaine.

Le polythéisme n'est plus qu'un temple en ruines dont les dieux sont partis.

Le christianisme lui-même n'a pu régénérer ce corps vieilli et mourant ; il n'a fait des Orientaux que des théologiens subtils, et des Romains d'occident que de mauvais chrétiens.

C'est du sein de cette société que nous allons voir s'élever Ausone. C'est au milieu de cette république sans liberté, de ces religions, l'une sans croyances, l'autre sans vertus, que nous allons entendre chanter le poète.

Hélas ! que pourra-t-il chanter !

DEUXIÈME PARTIE.

AUSONE HOMME ET ÉCRIVAIN.

CHAPITRE Ier.

Famille d'Ausone. — Son enfance.

Il y avait à *Burdigala*, au commencement du 3me. siècle, un médecin, nommé Julius Ausonius, né à *Vasates (Bazas)*. Il était venu s'établir dans la métropole de la 2me. Aquitaine, s'y était marié, et y exerçait sa profession d'une manière distinguée. C'était un de ces hommes essentiellement pacifiques ; bienvenus de tout le monde, parce qu'ils ne coudoient aucun intérêt, aucun amour-propre ; un de ces hommes que personne ne heurte, parce que personne ne les rencontre sur son chemin. Tout entier à sa spécialité, il jouissait d'une réputation qu'on ne contestait pas, parce que c'était une réputation à part : il n'avait pas plus d'envieux que de prétentions ; il ne se piquait pas même du talent, assez commun alors, de bien s'exprimer en latin, content de parler facilement le grec, qui était la langue de son état. Jusqu'alors il avait borné son ambition au titre modeste de curial : encore, satisfait de l'avoir obtenu, se tenait-il à l'écart, sans prendre aucune part aux affaires municipales. Il n'était d'aucun parti, d'aucune coterie; il ne se mêlait que d'aller voir ses malades, à qui il donnait gratuitement ses soins; car, sans être riche, Julius jouissait d'une position indépendante, et comme il n'avait besoin de personne, il avait de nombreux amis *.

Sa femme Æonie était en tout digne de lui. Elle songeait uniquement à son ménage comme Julius à ses malades **. Déjà elle lui avait donné une fille, mais cette enfant était morte à l'âge d'un an ***. Ce fut donc une grande joie dans la famille, quand Julius Ausonius se vit père d'un fils, d'un bel enfant, dont la bonne constitution promettait une longue vie. Pour comble de bonheur, son aïeul, grand mathématicien, et qui s'adonnait à l'astrologie judiciaire, prédit à cet enfant une carrière brillante ****. Hélas! quel grand papa n'est un peu astrologue! Aussi ce fut dans la famille à qui élèverait l'enfant prédestiné. Sa première éducation fut confiée à son aïeule Emilie, femme austère, impérieuse,

---

* Epicedium. — Parentalia I.
** Parent. 2.
*** Epiced.
**** Parent. 3.

et qui réunissait deux qualités très-conciliables, une vertu à toute épreuve et un teint si basané, qu'on l'avait surnommée la *Maure* *.

Cependant le petit Ausone (car Julius lui avait donné son nom) n'était pas exclusivement abandonné à la sévère Emilie la *Maure*. Il avait une jeune tante, qui s'appelait aussi Emilie, mais dont le caractère était si gai, si vif, si turbulent, qu'on l'avait surnommée dans son enfance, non pas Hilaria, mais *Hilarius*. On dirait que ce surnom influa sur sa destinée. Ce fut un personnage fort singulier. Tous ses goûts étaient étrangers à son sexe : elle étudiait la médecine, maniait la lancette avec une rare dextérité, et enfin elle se voua à une virginité perpétuelle **.

CHAPITRE II.

Ausone au collége.

Quelle que fût l'habileté de la tante Hilaire, le moment était venu de confier Ausone à de plus savantes mains. Bordeaux était alors un des plus brillants foyers d'instruction dans les Gaules. Le jeune Ausone, après avoir franchi rapidement les degrés élémentaires, se trouva un

* Parent. 5.
** Parent. 6.

jour face à face avec le rhéteur Tib. Victor Minervius. Ce fut dans la vie d'Ausone un jour solennel. Dans son admiration naïve, l'enfant ouvrait ses grands yeux noirs pour contempler cet homme qui avait enseigné la rhétorique à Constantinople, à Rome, et qui revenait dans sa patrie environné du double prestige d'une grande renommée acquise dans deux grandes capitales. Minervius, d'ailleurs, écrivait des panégyriques à faire pâlir ceux d'Isocrate; il composait des déclamations qu'eût enviées Quintilien : sa parole coulait comme un torrent qui roule des parcelles d'or sans un seul atôme de limon; et pour le geste et le débit, il eût vaincu même Démosthène *.

Tout cela fit sur le jeune élève une profonde impression; tellement que, quelques soixante ans après, le vieillard retrouvait sous ses cheveux blancs les souvenirs ardents du jeune homme, et parlait de son maître dans les termes enthousiastes que nous venons de rapporter.

Cette vive admiration influa sans doute sur son avenir intellectuel. Dans la jeunesse, il n'est rien de plus utile et de plus dangereux que l'admiration : elle sert à former le modèle idéal auquel on cherche ensuite à parvenir. L'idéal d'Ausone, ce fut Minervius. Encore, le danger d'un modèle imparfait est-il nul quand on peut plus tard, à

* Prof. I.

l'aide de la comparaison, corriger, étendre son idéal : mais malheureusement le pays, le siècle d'Ausone ne lui offrit dans la suite rien de mieux que Minervius, si ce n'est peut-être son oncle Arborius, à qui l'expérience de la vie réelle et la pratique des affaires avait pu donner plus de solidité d'esprit * ; mais moins brillant que le premier rhéteur, il ne put l'effacer, et Minervius resta pour Ausone le type de l'écrivain.

Si Minervius était un Démosthène, Ausone à son école fut bientôt un Virgile. *Ego hoc tuum carmen libris Maronis adjungo* **. Ces honnêtes rhéteurs, dans leur naïf orgueil, s'imaginaient être poètes sous l'hexamètre, comme plus tard ils se crurent consuls sous la trabée !

Arborius cultiva les talents naturels de son neveu ; il le fit venir à Tolosa, où il enseignait alors la rhétorique. Bientôt le jeune Ausone surpassa son maître lui-même, il devint grammairien, puis rhéteur, et enseigna publiquement à *Burdigala*.

CHAPITRE III.

Ausone homme d'esprit.

Voilà donc Ausone poète en plein rapport, et obligé comme tel de fournir, bon an mal an, à ses

---

* Parent. 3.
** Symmach. Epist.

doctes amis, une raisonnable récolte de vers. Et vraiment il en faisait de fort jolis. Il avait tant de facilité et d'abondance ! Le mètre s'assouplissait si docilement sous sa main ! surtout ses épigrammes faisaient fureur. Non content de les faire d'une seule manière, il retournait quelquefois la même sous *douze* formes différentes, comme celle qu'il fit sur la génisse de Myron. Il en faisait à tout propos, sur tout sujet, ordinairement avec esprit, souvent avec trop d'esprit : il suffisait de le toucher pour faire jaillir une étincelle. Quand aucun sujet d'épigramme ne s'offrait à sa pensée, il ne laissait pas oisive sa faculté versifiante : comme les forgerons, qui, pour ne pas interrompre le mouvement de leur bras, frappent sur l'enclume pendant qu'ils retournent le fer, Ausone, en attendant qu'il eût tourné une nouvelle matière, frappait sur une épigramme grecque et la traduisait en latin. Ces épigrammes ne sont pas les moins nombreuses de son recueil.

Il ne se bornait pas à des épigrammes : il composait beaucoup d'autres pièces fugitives. Une des plus jolies est *l'amour attaché au gibet.*

C'est une bluette gracieuse, un rien charmant : Virgile lui a fourni l'idée de la scène par laquelle il commence, et le nom du grand poète semble lui avoir porté bonheur. Il peint d'une manière frappante ces champs aériens qu'habitent les héroïnes victimes de l'amour :

> Errantes silva in magna et sub luce maligna
> Inter arundineasque comas, gravidumque papaver,
> Et tacitos sine labe lacus, sine murmure rivos.

Puis nous voyons défiler sous nos yeux tout le cortége des amantes infortunées, cortége un peu long, malgré la diversité du costume et la richesse de la versification. Tout à coup la scène change. Au milieu de ces sombres ténèbres, arrive l'auteur de leurs maux, l'Amour. La fureur des héroïnes, leur acharnement, leur vengeance, tout cela est décrit avec on ne peut plus d'esprit; le vers est savant, travaillé et cependant gracieux et facile :

> Hæc laqueum tenet, hæc speciem mucronis inanem
> Ingerit, illa cavos amnes, rupemque fragosam,
> Insanique metum pelagi, et sine fluctibus æquor.

Enfin, le dénoûment convient parfaitement au sujet : il se fait au moyen d'un bouquet de roses, qui, dans la main de Cythérée, devient une arme de vengeance, et fait même couler une goutte de sang. Ainsi se termine cette pièce charmante qu'on prendrait volontiers pour une feuille de rose qui, pendant le châtiment, serait tombée du bouquet de Vénus.

CHAPITRE IV.

Ausone condamné à la médiocrité.

Comment, avec tant d'esprit, d'enjouement, de facilité, de connaissance de la langue et de la versification latine, Ausone ne fût-il qu'un poète médiocre ? C'est que le poète n'est pas un être isolé, indépendant, recueilli en lui-même et sans relation avec ce qui l'entoure. Son talent est la résultante de sa propre organisation et des circonstances où il est placé. Or, l'atmosphère que respirait Ausone n'avait pas assez d'air pour la poitrine d'un homme de génie. Aussi sa croissance s'arrêta vite : le poète resta chétif, étiolé ; il ne parvint qu'à la taille de ce qu'on appelle un homme d'esprit.

Au temps d'Ausone un grand poète était presqu'impossible. La preuve en est qu'il n'en a paru aucun : or, il n'est pas probable que la nature ait déshérité certains siècles des talents qu'elle prodigue à d'autres. L'absence des grands poètes a donc des causes indépendantes de l'organisation des individus. Ce sont ces causes que nous allons tâcher d'indiquer.

Qu'est-ce qu'un poète ? Un homme qui conçoit le *beau*, c'est-à-dire *l'Être* ; l'Être aussi complet qu'il peut apparaître sous des conditions données et sous des formes finies ; et qui le reproduit et le rend sensible à ses semblables par la parole.

Or, à l'époque d'Ausone, on concevait trèspeu le *beau*, non que le sentiment en fut éteint dans le cœur de l'homme. L'homme est le même dans tous les siècles ; il n'a jamais ni un membre de plus ni un sentiment de moins. Mais ce sentiment s'était assoupi faute d'exercice; il trouvait rarement de quoi se développer dans toute son énergie; à plus forte raison était-il impuissant à créer.

Il est quatre ordres de faits qui font naître ordinairement dans l'esprit humain l'idée du beau, et qui, par conséquent, fournissent des inspirations aux poètes :

1°. Dieu, la cause infinie ;

2°. La nature, son éternel effet ;

3°. L'homme, cause bornée ;

4°. Les actions et les institutions humaines, effet mobile comme sa cause.

Nous allons voir comment ces sources étaient taries pour la plupart à l'époque qui nous occupe.

CHAPITRE V.

Sentiment religieux devenu stérile.

Les idées religieuses ne pouvaient avoir alors aucune influence sur la poésie. L'Olympe était depuis long-temps désert; même sous le règne de Virgile et d'Horace, Jupiter avait grand besoin d'être citoyen pour continuer à être dieu, et d'appuyer son chancelant autel sur le roc inébranlable du Capitole. Mais, depuis que Constantin lui a retiré cet appui, personne n'est plus saisi d'un religieux effroi quand il agite son immortelle chevelure, ou quand son noir sourcil s'abaisse et fait trembler l'Olympe.

Nous trouvons bien encore dans Ausone quelques souvenirs charmants de la mythologie, entre autres cette délicieuse peinture des naïades de la Moselle, qui vont dérober des raisins sur les collines, et qui, pour fuir la poursuite des Faunes, se réfugient dans les flots. Rien de plus agréable que le tableau de ces satyres qui nagent si maladroitement, et ne saisissent que de l'eau au lieu des nymphes qui glissent et s'échappent de leurs bras :

> Hic ego et agrestes satyros et glauca tuentes
> Naïadas......... etc. *.

Ce passage me semble excellent : c'est un des meilleurs d'Ausone, et il ne serait pas déplacé chez un contemporain de Virgile ; mais on sent que la mythologie n'est ici qu'un jeu, et non une croyance : elle peut encore faire naître de jolis vers, elle en inspirerait difficilement de sublimes.

Mais, dira-t-on, une religion nouvelle, plus sublime que le polythéisme, en avait pris la place et pouvait inspirer les poètes.

D'abord, on s'est généralement exagéré beaucoup les progrès du christianisme dans les Gaules. Au quatrième siècle, il y régnait officielle-

---

* Mosella. Nous aurons occasion de revenir bientôt sur ce morceau.

ment, il est vrai ; mais, nous l'avons vu, il s'était peu infiltré dans les mœurs. Les Gaulois ne s'étaient pas convertis ; ils s'étaient laissé faire chrétiens.

On a beaucoup discuté sur la religion d'Ausone. Eh! mon Dieu, rien n'est plus simple : Ausone est sceptique dans ses croyances, il ne sait que penser de la vie future *; épicurien dans sa morale, et souvent d'un épicuréisme délicat qui rappelle celui d'Horace **. Dans ses mythes il est presque toujours païen, quelquefois il penche vers le dogme chrétien, surtout quand il y trouve l'occasion d'un trait ingénieux *** ; alors Ausone, en bon rhéteur,

<blockquote>Est fidèle à sa pointe encor plus qu'à l'Olympe.</blockquote>

Ainsi Ausone poète, l'Ausone que nous avons entre les mains, et duquel seul nous avons à nous occuper, n'était pas chrétien.

Resterait donc à savoir si l'eau du baptême a coulé sur le front de l'homme qui s'appelait Ausone. La question réduite à ces termes intéresse fort peu l'histoire littéraire. Nous consentons que les critiques zélés pour son salut le baptisent sur ses vieux jours (époque qu'attendaient alors les chrétiens même les plus fervents). Mais qu'ils lui laissent auparavant composer la presque totalité

---

* Profess. I.
** Epig. 38. Qualem velit amicam.
*** Tris deus unus.

de ses ouvrages ; qu'ils attendent même qu'il soit parvenu à une extrême vieillesse ; car il était déjà bien vieux quand Paulin lui reprochait son attachement au polythéisme :

> Nec crimineris impium.
> Pietas abesse a christiano qui potest?
>   Namque argumentum MUTUUM EST,
> Pietatis esse christianum, et impii
>   Non esse Christo subditum.
>   — Quem qui colit UNUM
> Hic vere memor est cœli.

Qu'ils lui fassent alors composer, s'ils y tiennent, son poème pascal et sa prière du matin ; car, pour les vers *Rhophaliques*, on ne me persuadera jamais que la même main ait écrit cette pièce et la Moselle.

La foi chrétienne elle-même était impuissante alors pour créer un poète. Elle eût fait d'Ausone un théologien comme Paulin son élève. Le christianisme sentait le besoin de s'enraciner avant de fleurir ; il ne pouvait devenir une poésie qu'après avoir été une religion ; car, ce qu'il y a d'inspirateur en lui, ce ne sont pas les dogmes, c'est le sentiment, c'est l'esprit et non la lettre. Le Christ l'avait bien dit, et c'est vrai dans la poésie comme dans la morale : *la lettre tue, c'est l'esprit qui vivifie.*

CHAPITRE VI.

Sentiment de la nature devenu stérile.

Le sentiment vif de la nature, cette autre religion du cœur, ne régnait guère chez les hommes de lettres du 4me. siècle. Leur goût, émoussé par une civilisation corrompue, n'était plus susceptible des impressions naïves. Le frottement d'une vieille société avait terni la fraîcheur, usé la velouté de leur âme. Ne demandez pas à Ausone ce que la nature a de grand et de simple. Ne lui dites pas d'aller s'asseoir *tristement sur la montagne, à l'ombre du vieux chéne, au coucher du soleil; d'entendre gronder le fleuve aux vagues écumantes,* qui *serpente et s'enfonce en un lointain obscur,* et de contempler *le lac immobile* étendant *ses eaux dormantes où l'étoile du soir se lève dans l'azur.* Il vous mènerait au bord de la Moselle, et vous ferait observer, *au fond du fleuve, le sable qui se ride sous le flot, l'herbe qui s'incline et tremble, le caillou qui se cache et étincelle tour à tour, la mousse et le gravier qui s'unissent pour former un doux et brillant tapis.* A l'endroit où la rivière baigne les pieds d'une colline, il vous montrerait *les flots qui semblent se couronner de feuillage, le fleuve se planter de vignes, et la colline tout entière se verser dans la Moselle. Alors la crète du coteau nage avec un doux mouvement, on voit le pampre absent trembler, et la grappe se gonfler sous les eaux.*

Tous ces détails sans doute sont vrais et gracieux ; mais le sévère Boileau n'aurait-il pas dit :

<blockquote>Sur de trop vains objets c'est arrêter sa vue?</blockquote>

Au milieu de ces minutieuses analyses, l'ensemble du tableau se décompose et disparaît. Il n'y a plus de grandeur, d'unité ; l'univers n'a plus d'âme ni de vie. Ausone n'a jamais compris cet admirable vers : *Jovis omnia plena.* Il le prend pour une fiction poétique. *Nec jam miramur licentiam poëtarum qui omnia deo plena dixerunt.* A la vue des sublimes beautés de la nature, il n'a jamais senti son ame s'élancer de son sein, et prête à se fondre dans cette sublime harmonie. Il n'eût jamais écrit des vers comme ceux-ci :

<blockquote>
I live not in myself, but I become
Portion of that around me ; and to me
High mountains are a feeling…..
Are not the mountains, waves and skies a part
Of me and of my soul, as I of them ?
</blockquote>

Pauvre poète ! *un seul être lui manque et tout est dépeuplé.* Pour lui le monde est un temple désert, et la nature est morte à ses yeux comme la croyance au fond de son cœur.

CHAPITRE VII.

L'homme et ses œuvres fournissent alors peu d'inspirations.

Restent deux sources d'inspiration poétique, l'homme et ses œuvres. Ces sources sont les plus fécondes, les plus intarissables. Voyons si les contemporains d'Ausone pouvaient facilement y puiser.

L'humanité peut féconder le talent du poète ou par les types qu'elle lui présente, ou par les sentiments qu'elle lui inspire. Or, 1°. quels hommes le poète pouvait-il peindre alors? Ceux des âges précédents ou ses contemporains? car on ne peut faire de l'homme une peinture abstraite, il faut le dessiner tel que la nature ou les circonstances l'ont fait, avec ses mœurs, ses passions, ses croyances. Prendre pour modèle l'homme de son siècle, c'eût été faire un triste tableau. Nous avons vu ce monde romain si caduc, si stérile en vertus publiques! Prendre pour type les grandes figures de l'antiquité, c'était refaire Horace et Virgile. D'ailleurs, parler de gloire et d'héroïsme, c'était parler une langue morte que personne n'aurait plus comprise. La véritable Rome avait trouvé d'admirables peintres pour tracer son portrait au moment fatal où sa beauté allait dépérir; et quand une fois une société s'est exprimée tout entière, quand elle a fait son testament littéraire, il ne lui reste plus qu'à mourir en silence. Il faut alors, pour donner naissance à de grands poètes, que d'autres faits, d'autres mœurs viennent éveiller des sentiments nouveaux, de nouvelles idées; il faut que la nature humaine, ce fonds éternel et inépuisable de poésie, se présente sous un aspect nouveau.

Je me figure un fleuve qui, de ses mille replis, embrasse un seul et admirable paysage. Un homme, porté sur une légère nacelle, est doucement entraîné par le courant. A chaque instant il change de point de vue, à mesure qu'il tourne autour du paysage, qui pourtant est toujours le même. Il peut, à des moments divers, en tracer vingt images, toutes semblables au modèle, toutes différentes l'une de l'autre. Le fleuve, c'est le temps; l'homme qu'il entraîne, c'est le poète; le paysage immobile, c'est la nature morale et ses lois éternelles.

Mais tant qu'un point de vue nouveau ne s'est point dévoilé, tant que la société n'est pas en présence de nouvelles mœurs, de nouveaux événements, de nouvelles croyances, que voulez-vous que fasse le poète? Répétera-t-il, écho vulgaire, les chants de ses prédécesseurs? Quand il réussirait à en égaler la perfection, il ne serait certainement pas goûté de ses contemporains. La société sent qu'elle est faite pour marcher ; elle ne veut pas que ses artistes restent stationnaires ; elle se fâche contre eux, quand elle n'est pas contente d'elle ; elle casse son miroir quand elle s'y voit vieille. Et l'on répète partout : le public veut à tout prix du neuf : alors les poètes font comme les organes de la publicité, qui créent des nouvelles quand ils n'en ont pas, les poètes font du neuf avant que les événements en aient fait ; ils sortent du vrai, du beau, et tombent dans le faux, le monstrueux ou l'absurde.

C'est ce qui arriva du temps d'Ausone. Mais si l'humanité offrait alors à l'écrivain peu de types à peindre, elle lui inspirait peu de sentiments à exprimer.

L'amour de l'humanité, cette vertu céleste qui, sous les noms de charité et de philosophie, devait faire du genre humain une seule nation, n'avait encore embrasé que quelques ames d'élite : l'amour de la patrie, cette humanité restreinte, cette idole de l'ancien monde, était tombé avec la liberté. Restaient donc les sentiments individuels — ou l'égoïsme étouffant toute inspiration généreuse entre ses bras secs et sa froide poitrine — ou les relations intimes de la famille, de l'amitié, capables de produire encore quelques ouvrages touchants, si un faux goût ne détournait pas les poètes d'aller y chercher leurs inspirations. Elles ont en effet produit quelques excellents morceaux sous le style d'Ausone. Ses lettres à Paulin, sauf quelques exceptions, sont pleines de naturel et de tendresse : je ne parle point des premières qu'il lui adressa, dans lesquelles il n'a d'autre but que de montrer de l'esprit, et où par conséquent il est froid et déclamateur; mais dès qu'il craint de ne plus revoir son ami, dès qu'un sentiment réel et sérieux conduit sa main, alors il est presque toujours touchant :

> Agnosces ne tuam, Ponti dulcissime, culpam?
> Accurre, o nostrum decus, o mea maxima cura,
> Votisque, ominibusque bonis, precibusque vocatus
> Appropera, dum tu juvenis, dum nostra senectus
> Servat inexhaustum, tibi gratificata, vigorem.
> O quando iste meas implebit nuncius aures :
> Ecce tuus Paulinus adest! etc. . . . .
> . . . . Jamjam tua limina pulsat!
> Credimus an qui amant, ipsi sibi somnia fingunt?

Il y a dans cette correspondance plusieurs morceaux non moins touchants. Il semble que la faculté d'aimer, lorsqu'elle ne peut se répandre au loin, se concentre avec plus de force sur les affections étroites. Les épîtres de Paulin, en réponse à celles d'Ausone, sont d'une froideur et quelquefois d'une amertume qu'explique, mais ne justifie pas, la nouveauté de sa conversion.

Il est honorable pour Ausone que, toutes les fois que son cœur est de moitié dans son travail, il se surpasse de beaucoup lui-même. Son épitre première à son père, celle qu'il adresse à son petit-fils sous le titre de *protrepticon*, plusieurs de ses épigrammes à sa femme sont des pièces dignes d'éloges. Sa lettre à son fils qui venait de le quitter est extrêmement touchante. Peut-on ne pas remarquer ce vers si vrai et si simple d'une lettre, où il lui annonce un envoi de gibier :

Vescente te fruimur magis.

Et cet autre, où en parlant d'un accident qui a menacé la vie de son fils, il dit :

Illa meum petiit tegula missa caput.

Ce mot me semble aussi touchant et moins recherché que celui de Mme. de Sévigné : *Ma chère fille, j'ai mal à votre poitrine.*

L'Idylle, qui a pour titre Villula, est sans doute fort courte, mais elle a encore dix vers de trop; sans ces vers, où le goût du rhéteur vient refroidir l'inspiration du poète, cette pièce serait un petit chef-d'œuvre de sentiment et de délicatesse, qu'on croirait dérobé aux tablettes d'Horace :

Salve hærediolum, majorum regna meorum,
   Quod proavus, quod avus, quod pater excoluit :
Quod mihi jam senior properata morte relinquit.
   Eheu ! nolueram tam cito posse frui !
Justa quidem series patri succedere ; verum
   Esse simul dominos gratior ordo piis.

Cette pièce a un air de parenté avec la satire : *hoc erat in votis*, sauf cette différence qu'Horace s'abandonne sans contrainte au charme de la situation ; il sent que là est la vraie poésie. Ausone l'a rencontrée par hazard, son cœur l'a devinée, mais son goût ne l'apprécie pas. Il ne peut croire que la gloire poétique soit attachée à des choses si naturelles, à des sentiments que tout le monde aurait pu éprouver, et qui n'excitent dans son auditoire aucun étonnement, aucun cri d'admiration.

Car c'était là une autre cause de l'extrême difficulté d'être poète au 4me. siècle. Presque toutes les sources d'inspiration étaient taries, nous l'avons vu ; une seule semblait encore promettre d'heureuses pensées, et le mauvais goût de la société littéraire empêchait les poètes d'y puiser avec confiance. Nous allons étudier ce nouvel obstacle, et faire connaissance avec cette société.

CHAPITRE VIII.

Les gens de lettres de Burdigala.

On ne fait jamais tant de vers qu'aux époques où il n'y a plus de poésie : le 4me. siècle fut fécond en hommes de lettres. Il y avait alors à *Burdigala* une école municipale qui jouissait d'une grande réputation, et réunissait dans son sein les professeurs les plus renommés. L'enseignement y roulait exclusivement sur la grammaire et la rhétorique. C'était une vie fort occupée que celle des professeurs de *Burdigala*. Ils enseignaient six heures par jour *; puis de retour chez eux, la plupart écrivaient des panégyriques, des déclamations, des pièces de vers **, qui, à peine composées, volaient de main en main à Toulouse, à Auch, à Narbonne, quelquefois jusqu'à Rome***, accompagnées d'une humble et spirituelle préface. En retour arrivaient bientôt les remercîments, les félicitations, les éloges; et certes les correspondants n'en étaient pas avares : on ne peut s'empêcher de sourire des louanges qu'ils se prêtaient. Néanmoins, il y a quelque chose d'intéressant dans cette communauté de vie littéraire, dans cette modeste ambition d'hommes studieux qui n'attendaient de leurs veilles qu'un peu de renommée; car les travaux littéraires étaient rarement un moyen de parvenir à une position brillante : on n'avait pas encore trouvé la pierre philosophale de la littérature, le secret de faire sortir de deux plumes croisées *la fortune et l'indépendance.*

Quelques professeurs durent pourtant à leurs nobles élèves, sinon à leurs ouvrages, les plus hautes distinctions. Delphidius obtint une charge

---

* Epit. 2.
** Profess. 2.
*** Volitat per manus tuus Mosella, symm. epist.

dans le palais impérial ; Exupère fut président d'Hispanie ; Ausone, devenu précepteur de Gratien, fut comte du palais, questeur et préfet du prétoire ; enfin, l'an de Rome 1118, il parvint au consulat.

Ausone tenait le premier rang parmi les gens de lettres de *Burdigala,* tant par ses talents que par sa position sociale. Il possédait aux environs de Bordeaux et de Saintes plusieurs terres fort belles. Lucaniacus, une de ses maisons de campagne, qu'on place généralement près de Saint-Emilion, à quelque distance de Libourne, était le rendez-vous de tous les beaux esprits de la province. C'est là, qu'invités par de gracieuses épitres, accouraient les poètes, les grammairiens, les rhéteurs qui pouvaient s'échapper de leurs chaires. On voyait arriver le savant Axius Paulus sur un chariot chargé d'épodes, de tragédies, de plaidoyers classiques, de vers dactyliques, élégiaques, choriambiques : car, en vrai poète, tout son mobilier était en parchemin *.

On y trouvait l'ardent Delphidius, qui, encore enfant, avait composé un poème épique, qui plus tard se jeta dans le barreau, et enfin dans le tumulte des affaires publiques **.

Le jeune Paulin, l'élève chéri d'Ausone, qui avait encore plus d'ame que de talent, et qui

---

* Ep. 11.
** Prof. Delphidius.

laissa quelque chose de mieux qu'un beau poème, l'exemple d'une vie de dévoûment dans une société égoïste.

Parmi les invités, on distinguait à sa contenance modeste Victorius, lecteur infatigable et passionné pour la plus abstruse érudition. Il ne faisait ni poèmes ni discours; connaissait peu Cicéron, Virgile et toute la littérature *moderne*. Mais s'agissait-il des livres de Numa, des lois de Solon ou de Minos, alors il était sur son terrain : c'était un puits de science. Toutefois, ses collègues paraissaient estimer médiocrement cette bibliothèque archéologique; il était resté professeur suppléant, et passait pour un assez faible grammairien *.

La réunion était nombreuse et généralement bien choisie; ce qui ne veut pas dire que tous les convives fussent des hommes d'esprit : au contraire, on avait eu l'habile prévoyance d'inviter quelques-uns de ces hommes qui ne possèdent qu'un talent, et encore sans le savoir, celui d'amuser les autres à leurs dépens.

Une barque légère remontait rapidement la Dordogue **, sa large voile s'arrondissait sous le vent propice qui soufflait du Médoc. Au-dedans de l'embarcation, protégé par une tente éblouissante de blancheur, et mollement étendu sur un

* Prof. Victorius.
** Ep. 6.

lit de repos, gisait un grand et gros personnage, c'était le poète Théon. Il apportait d'excellentes oranges et de fort mauvais vers *. Arrivé à Condat, il trouva une douce voiture attelée de mulets, qui l'eurent bientôt conduit à Lucaniacus.

C'était vraiment une retraite charmante que Lucaniacus, moins encore par les agréments de la propriété, que par la délicate hospitalité du propriétaire. Là vous pouviez lire, chasser, pêcher, faire ce que vous vouliez, et surtout ne rien faire**. Vous aviez à votre service une bibliothèque fort bien composée, tous les ouvrages remarquables des poètes, des grammairiens, des rhéteurs, les huit livres de Thucydide, les neuf livres d'Hérodote, enfin tout ce que vous vouliez, et plus encore si vous vouliez ***.

L'heure venue, on se mettait à table. Le repas n'était pas recherché : ce n'était point un festin d'Alcinoüs****; mais on n'y ménageait ni les excellents vins de Bordeaux, ni les huîtres vertes qu'on engraissait avec tant de soin dans les parcs*****. Et puis les charmes de la causerie faisaient bientôt oublier ceux du dîner. Souvent, inspirés par un

---

* Ep. 8. :

    Aurea mala... Carmina vero mala.
    Aurea mala, Theon, sed plumbea carmina mittis.

** Ep. 12.
*** Ep. 17.
**** Ep. 13.
***** Epist. 9.

Dieu plus puissant qu'Apollon, les convives improvisaient des vers; et plus ces acrobates poétiques franchissaient de difficultés dans leurs compositions, plus ils recevaient d'éloges. Axius Paulus lisait son *Delirus*, qui, dans un sujet léger, renfermait un immense travail *. Paulin communiquait des fragments de l'histoire de Suétone qu'il avait mise en vers**. Quelquefois, quand on l'en priait bien, Ausone se levait, demandait ses tablettes, et, quoiqu'il fût l'Amphitrion, implorait l'indulgence de l'auditoire. Alors il lisait le *Gryphus*, pièce dans laquelle sont réunis tous les objets qui renferment le nombre trois, comme les parques, les grâces, etc., et cette liste n'avait pas moins de quatre-vingt-douze vers ; et les convives d'applaudir avec enthousiasme ; et l'auteur de demander en souriant qu'on veuille bien excuser une énumération si incomplète***. Ou bien il donnait lecture du *technopægnion*, autre tour de force du même genre, dans lequel chaque vers finit par un monosyllabe qui se retrouve encore au commencement du vers suivant. Et tout le monde trouvait cela admirable, et les jeunes convives pensaient qu'on était bien heureux d'être si grand poète, et Ausone lui-même croyait peut-être entendre ce jugement de la cri-

* Ep. 14.
** Epist. 19.
*** Idy. 3, in præfat.

tique populaire : *Courage, Ausone, c'est là de la bonne poésie !*

CHAPITRE IX.

Influence des gens de lettres sur le talent d'Ausone. — Poésie didactique. — Poésie descriptive.

Les facultés de l'intelligence sont à peu près les mêmes dans tous les siècles ; elles ne diffèrent que par l'application : c'est une sève qui devient indifféremment ou racine ou feuillage, selon qu'elle se porte sous la terre ou dans l'air. Ces rhéteurs que fréquentait Ausone étaient pour la plupart des hommes pleins d'esprit. Il fallait user à quelque chose cette surabondance d'activité. La stérilité nécessaire de la pensée dut les jeter dans la recherche de l'expression ; comme au défaut de son esprit un fat soigne sa parure. C'est donc dans l'art d'ajuster les mots qu'ils mettent tout le mérite, toute la gloire de l'écrivain : c'est là qu'ils cherchent à se surpasser l'un l'autre ; et, pour cela, l'expression vraie et naturelle ne vaut plus rien. Ils croiraient s'abaisser, s'ils pensaient ce qu'un autre a pu penser comme eux. Ils travaillent leur style, le rendent maniéré, prétentieux, car le style n'est jamais plus mauvais que quand on néglige tout pour lui ; de même qu'on ne se tient jamais plus mal que quand on ne s'occupe que de son maintien. Eh ! certes, ayez d'abord une idée, et puis laissez la couler dans son expression naturelle. Votre style vaudra d'autant mieux, qu'il prendra plus fidèlement la forme de votre conception, qu'il sera comme un voile souple et moelleux superposé à la pensée, en embrassant étroitement les contours, en accusant toutes les formes. Si, au contraire, le style est une de ces panoplies de nos musées, qu'on ajuste pièce à pièce, et qui se tiennent debout toutes seules sans qu'il y ait personne dessous, il sera raide, disgracieux, il n'aura aucune action, aucune vie.

On n'estime dans les autres que ce qu'on voudrait posséder soi-même. Quelles sont les qualités du poète qui exciteront les applaudissements d'un pareil public ? Ce n'est ni la vérité des caractères, ni la beauté du plan ; aussi les poètes se dispenseront-ils d'un travail dont on leur sait peu de gré. Nous ne trouverons dans leurs ouvrages ni combinaison de plan, ni création de caractères, rien, en un mot, de ce qui fait les grands poètes : des pensées fines, d'ingénieuses alliances de mots, des vers concentrés, des difficultés vaincues, des acrostiches, des centons, voilà ce qui arrache les applaudissements, et ce que les poètes composent de préférence. La poésie la plus soutenue, la plus sérieuse, celle qui a la prétention d'enfanter des ouvrages de longue haleine se tourne vers le genre didactique : comme Denys à Corinthe, de reine elle se fait pédagogue, ou bien elle imagine le genre descriptif, semblable, dit M. Michaud, à ces dieux de la fable qui furent chassés de l'Olympe, où ils présidaient à l'ordre de l'univers, et qui se réfugièrent en Egypte dans les plantes et dans les animaux.

Le genre didactique nous paraît grand et poétique, alors qu'à la poésie appartient la noble mission d'instruire les hommes; toutes les fois qu'une vérité n'étant pas encore formulée par la science ne peut être saisie et communiquée que par cette intuition primitive qu'on nomme enthousiasme, alors, du fond de son sanctuaire, la poésie élève sa voix inspirée, et les hommes à genoux recueillent ses divins oracles. Il ne faut pas croire que ce phénomène n'appartienne qu'à l'enfance des sociétés. Chaque époque a son éducation, chaque vérité son crépuscule. Le siècle d'Horace, où la société romaine tombait de caducité, voyait lui-même quelques vérités poindre à l'horizon de sa pensée. L'égalité des hommes devant Dieu, que le christianisme allait populariser par ses divins enseignements, était déjà prêchée par l'enthousiasme du poète :

Regum timendorum in proprios greges....
Est ut viro vir latius ordinet....

C'est là pour la poésie didactique une vraie et noble mission ; mais qu'elle se traîne, humble esclave, sur les pas de la froide raison, qu'elle prétende broder un style recherché sur le fond sévère et pur de la science, c'est abdiquer son sacerdoce, c'est profaner sa parole. Le poète est le prophète de l'aperception spontanée : il s'abaisse et s'avilit quand il se met aux gages de la science.

Quant au genre descriptif, il nous semble la plus complète aberration où puisse se perdre le talent poétique. On a dit, en abusant d'un vers d'Horace : *La poésie est une peinture ;* mais on a méconnu les limites naturelles des deux arts. La poésie est une peinture successive; les signes qu'elle emploie ne se présentent que l'un après l'autre à l'esprit du lecteur. Or, vouloir rendre par des signes successifs des parties qui existent ensemble, et que la nature a réunies dans le même objet, c'est se résoudre à en détruire l'harmonie, c'est-à-dire, la beauté ; ce n'est plus peindre, c'est disséquer. Le poète qui veut décrire n'est pas plus raisonnable que le peintre qui voudrait raconter.

CHAPITRE X.

La Moselle.

La Moselle d'Ausone a toutes les qualités, tous les défauts des poèmes descriptifs. Plusieurs des morceaux qui composent cette idylle, pris séparément, sont de charmants tableaux. Nous avons parlé plus haut des jeux des Naïades et des Faunes. Cette esquisse a d'autant plus de mérite, qu'Ausone n'y est point tombé dans sa faute ordinaire. Il n'a point surchargé de détails ces légères images. Au lieu d'accumuler, il a choisi; et son choix a été si heureux que je ne crains pas de rapprocher ce passage d'une strophe charmante du Tasse, dont le sujet est le même :

> Scherzando sen van per l'acqua chiara
> Due donzellette garrule et lascive,
> Ch'or si spruzzano il volto, or fanno a gara
> Chi prima a un segno destinato arrive ;
> Si tuffano allora : è 'l capo è 'l dorso
> Scoprono alfin dopo il celato corso.

Quelle que soit la grâce de cette peinture, les jeux des naïades d'Ausone ont quelque chose de plus piquant :

> Tunc insultantes sua per freta ludere nymphas,
> Et satyros mersare vadis : rudibusque natandi
> Per medias exire manus, dum lubrica falsi
> Membra petunt, liquidosque fovent pro corpore fluctus.

C'est avec goût qu'Ausone ne prolonge pas sa

description. En effet, il ne peint point une scène dont il ait été témoin, il raconte ou suppose une tradition. Son sujet lui refusait donc des détails plus précis : il ne pouvait, comme le Tasse, développer sous nos yeux de blonds cheveux tout ruisselants d'une onde limpide, et des formes voluptueuses que dissimule mal la transparence de l'eau. La peinture du poète latin est donc plus indécise, plus fuyante : sa riante mythologie ne se laisse entrevoir qu'à travers un voile mystérieux ; la curiosité est plutôt excitée que satisfaite : ses détails glissants échappent comme les naïades à l'imagination qui les poursuit. La muse d'Ausone fait comme la bergère de Virgile, elle désire bien qu'on l'aperçoive, mais elle s'enfuit derrière les saules.

La Moselle nous offre encore une scène rapide et animée : c'est celle du voyageur suivant à pied la rive, du batelier glissant lentement sur l'eau, qui jettent en passant au vigneron, occupé sur la colline, des compliments peu flatteurs, que celui-ci leur renvoie avec usure, et que répète encore l'écho de la rive et de la forêt.

Malheureusement Ausone n'est pas toujours aussi sobre de détails. Quel amateur d'ichthyologie ne serait fatigué par cette revue générale de tous les poissons de la Moselle, qui viennent défiler en bon ordre, au son d'une harmonieuse versification, pendant une centaine de vers?

Pour peu qu'un poète descriptif fasse son métier en conscience, après le tableau des poissons doit venir celui de la pêche. Ausone serait inconsolable d'y manquer. Nous aurons une pêche au filet, et une pêche à la ligne parfaitement conditionnée. Nous verrons le pêcheur penché sur le fleuve, le roseau se courber sur la ligne, le poisson crédule ouvrir sur l'hameçon une large gueule, puis le liége qui tremble, la soie qui s'agite, le roseau qui plie; nous n'aurons à regretter aucun détail, pas même le sautillement convulsif de la malheureuse proie, essoufflée, palpitant sur le sable. Le vers suit tous les mouvements du pêcheur, tous les frémissements du poisson, avec une grâce, une souplesse, une habileté prodigieuse, qu'on regrette de voir prodiguer à de si minces sujets.

En France, le chef de l'école descriptive a traité aussi ce sujet : il nous a présenté dans l'homme des champs le tableau d'une pêche à la ligne. Les traits les plus intéressants d'Ausone s'y trouvent reproduits, mais dégagés du lest pesant des détails inutiles. Comme dans le poète latin,

> Le pêcheur patient prend son poste sans bruit,
> Tient la ligne tremblante et sur l'onde la suit,
> Penché, l'œil immobile, il observe avec joie
> Le liége qui s'enfonce, et le roseau qui ploie.

Mais Delille ne nous fait pas assister à tous les détails de l'agonie du poisson. Il avait trop de goût pour ne pas sentir que cette peinture aurait assombri son riant tableau. De plus, il a resserré en quatre vers l'énumération des poissons, et animé son récit par de vives tournures. Il a surpassé Ausone comme poète, et lui a laissé le mérite secondaire d'une versification plus minutieusement travaillée.

C'est avec la même finesse d'observation et la même flexibilité de style qu'Ausone nous présente les petits accidents naturels que forment le sable ou l'herbe au fond de la rivière, et la réflexion des pampres du coteau. Nous avons dit plus haut notre opinion sur ces descriptions faites au microscope, qui remplacent dans les époques de décadence le tableau des grands effets de la nature.

Nous ne suivrons pas notre auteur dans tous ses détails, souvent ingénieux, quelquefois pleins de grâce, mais presque toujours froids et inanimés. Nous craignons de n'avoir que trop prouvé déjà qu'il n'est rien de plus fatiguant qu'une longue description, si ce n'est une longue critique.

Qu'on nous permette seulement de rapprocher de cette énumération descriptive d'Ausone un passage d'un grand poète inspiré par le même sujet et presque par les mêmes lieux. Nous voulons parler des strophes de Byron sur le Rhin * : elles nous serviront de terme de comparaison pour juger l'œuvre du poète latin.

Ausone s'était dit : Je vais célébrer la Moselle. C'était pour lui une tâche à remplir, et non un sentiment à exprimer : c'était un plaidoyer dans le genre des déclamations qu'il faisait faire à ses élèves. Il avait donc recueilli, avec la patience et l'exactitude d'un avocat, tous les moyens qu'il pouvait faire valoir en faveur de son fleuve; il les avait développés et amplifiés avec esprit.

Byron n'écrit point le panégyrique du Rhin ; il jette sur le papier les émotions qu'il a éprouvées sur ses bords. Il s'embarrasse peu d'être complet, il est vrai et profond. Il ne pense pas, par une exagération déplacée, qu'après avoir vu son fleuve, personne ne puisse admirer l'Hellespont :

> Quis modo Sestiacum pelagus, Nepheleidos Helles
> Æquor, abydeni freta quis miretur ephebi ?

Il nous dit au contraire :

> More mighty spots may rise, more glaring shine,
> But none unite in one attaching maze
> The brilliant, fair and soft, the glories of old days.

Ce n'est pas pour faire de beaux vers qu'il peint les rives du Rhin ; il veut échapper aux sombres pensées qui le poursuivent, et il se réfugie dans le sein maternel de la nature :

* Childe Harold's pilgrimage. Canto the third.

> Away with these! true wisdom's world will be
> Within its own creation, or in thine,
> Maternal nature!

Au lieu d'une lente et minutieuse analyse, Byron jette à pleines mains dans une seule strophe le feuillage, les fruits, les vignes, les champs de blé, les vallons, les torrents; cette une fécondité, une exubérance, un pêle-mêle de beautés digne de la nature qu'il décrit : tout son paysage nous apparaît comme une fraîche corbeille de verdure :

> A blending of all beauties; streams and dells,
> Fruit, foliage, crag, wood, corn-field, mountain, vine....

Ces maisons de campagne, qu'Ausone bâtit avec tant de peine et d'érudition sur les bords de la Moselle, valent-elles ces vieux châteaux sans maîtres, qui, de leurs murs gris, mais voilés de feuillage, disent au voyageur de tristes adieux? Debout comme une ame altière, qui, usée par l'infortune, ne daigne pas s'abaisser au niveau de la foule, ils n'ont pour habitants que les vents qui sifflent dans leurs crénaux, et ils entretiennent une sombre société avec les nuages. Puis rappelant les jours où ils furent jeunes et superbes, où les bannières flottaient sur leurs têtes, où à leurs pieds passaient les batailles, Byron nous transporte au milieu des salles d'armes de ces barons hautains, de ces brigands féodaux qui n'ont manqué pour être des héros que d'acheter une page de l'histoire qui les eût appelés grands.

Que les souvenirs de la victoire de Gratien sur

les bords du Rhin sont pâles auprès de cette évocation des siècles héroïques !

Avec quel bonheur le poète anglais revient alors à cette nature éternellement jeune, éternellement belle ! Cet homme, qui tout-à-l'heure contemplait les ruines des empires, n'est point insensible au chant matinal des oiseaux, et son visage austère s'épanouit encore sous un rayon de joie :

> Thus Harold inly said, and pass'd along,
> Yet not insensibly to all which here
> Awoke the jocund birds to early song....
> Joy was not always absent from his face;
> But o'er it in such scenes would steal with transient trace.

C'est ainsi que dans Byron nous trouvons partout un sentiment vif de la nature, des passions vraies, le souvenir majestueux des anciens jours; la pensée de la fragilité humaine en présence de l'éternelle jeunesse de la nature; la fraîcheur, le calme de ces beaux lieux en contraste avec l'agitation de l'ame du poète. Ce qui fait le charme de cette poésie et la sépare le plus de celle d'Ausone, c'est que là tout est senti, tout est écrit avec ame : on reconnaît le langage de la nature, l'accent du cœur, accent souvent sombre et douloureux, mais toujours vrai, toujours pénétrant. Ces vers ne semblent pas faits, ils semblent nés d'eux-mêmes; Byron n'est pas auteur, il est homme; il ne compose pas ses poèmes, il semble les exhaler.

Le caractère de ces deux pièces pourrait se

résumer dans un titre : nous appellerions l'une *Impressions d'un poète sur les bords du Rhin*, l'autre *Inventaire des agréments de la Moselle*.

CHAPITRE XI.

Résumé de la deuxième partie.

Nous avons terminé nos recherches sur Ausone. C'est une grande leçon que de voir une des plus belles intelligences de son siècle, environnée de tous les secours de l'étude et de tous les modèles de l'antiquité, condamnée à n'être jamais qu'un poète médiocre. Et certes ce n'est point faute d'esprit, de fécondité ou de travail. Loin de là, Ausone a un luxe de talent qu'il répand avec profusion. Il le jette sur les héros de l'antiquité, sur les grammairiens de son siècle, sur les Césars de Rome, sur les villes célèbres, sur les sages, sur tous ses parents, sur tous ses amis, sur les fleuves, sur les chevaux, sur les bêtes fauves : il a des vers pour tout le monde ; il ne sait que faire de son esprit ; il le harcelle, il le tourmente, et ne peut parvenir à l'épuiser. Que fallait-il à cet homme pour devenir un poète ? — Deux choses :

Une idée pour l'inspirer,
et un public pour l'entendre.

FIN.

TABLE DES MATIÈRES.

Introduction.................................... *pag.* 1

PREMIÈRE PARTIE.

Ausone. — Monument historique.

Chap. Ier. Coup d'œil sur l'empire romain au 4me. siècle.—Aperçu géographique........ *pag.* 3
— II. Tableau des Gaules...................... 7
— III. Notions sur les barbares................. 13
— IV. Administration de l'empire............... 16
— V. État des personnes....................... 19
— VI. L'empereur.............................. 21
— VII. État moral de l'empire.................. 25
— VIII. Événements politiques.................. 28
— IX. Résumé de la première partie............ 34

DEUXIÈME PARTIE.

Ausone homme et poète.

Chap. Ier. Famille d'Ausone. — Son enfance..... *pag.* 36
— II. Ausone au collége....................... 38
— III. Ausone homme d'esprit................... 40
— IV. Ausone condamné à la médiocrité.......... 42
— V. Sentiment religieux devenu stérile........ 44
— VI. Sentiment de la nature devenu stérile.... 48
— VII. L'homme et ses œuvres fournissent alors peu d'inspirations............................ 50
— VIII. Les gens de lettres de *Burdigala*..... 55

Chap. IX. Influence des gens de lettres sur le talent d'Ausone. — Poésie didactique — Poésie descriptive.. 61

— X. La Moselle................................... 65

— XI. Résumé de la deuxième partie............... 72